¿QUÉ LES PUEDO DECIR YO DEL AMOR?

Alberto Cano Farrera

¿Qué les puedo decir yo del amor?

Alberto Cano Farrera

bubok
EDITORIAL

© Alberto Cano Farrera
© ¿Qué les puedo decir yo del amor?

Febrero 2024

ISBN papel: 978-84-685-8015-9
ISBN ePub: 978-84-685-8014-2

Depósito legal: M-3899-2024

Editado por Bubok Publishing S.L.
equipo@bubok.com
Tel: 912904490
Paseo de las Delicias, 23
28045 Madrid

Para la princesa, por impulsarme a dar este gran salto
y por enseñarme lo que es el amor de pareja.

Y a mi madre, por ser la otra mujer de mi vida.

Índice

Te dejo mi corazón

Te dejo mi corazón para que lo hagas tuyo,
para que lo uses si quieres por las tardes
o lo saques por las noches mientras lees recostada sobre tu
    cama.

Te lo dejo para que me recuerdes si quieres, pero solo si quieres.
Ahí se queda contigo para que te escuche cuando no puedas
    hablar,
para que te abrace cuando el frío de la soledad te haga frente.

Es tuyo ahora.
Haz lo que quieras con él
porque yo ya no lo quiero.
Me lo has robado
en mi entera complicidad con ello.

Algunas razones para quererte

Te quiero a escondidas,
con tus berrinches,
bajo tus cambios de humor poco sutiles.
Te quiero porque no me queda remedio...
porque a veces no hay más que quererte.
Y cierto es, amor,
que en ocasiones detesto quererte.

Tranquila, pongámonos serios,
con la coherencia de dos enamorados.
No exagero cuando digo que francamente
lo mío lo mío es quererte.

Tampoco espero que todo sea perfecto.
La perfección me da risa
y más risa me dan los que proclaman que sus amores son perfectos.
Nada es menos perfecto que el amor.

Pero aun con todo eso
a mí me basta que te quiero,
cuando estás cerca,
cuando estás lejos.
Te extraño incluso cuando ya no quiero verte.
Lo bello del amor es que uno no tiene por qué explicarse a sí
    mismo muchas cosas.
¿Ahora entiendes por qué digo que los enamorados se vuelven
    idiotas?

Yo pienso que el buen querer es como yo te quiero
(que me perdone el mundo por esta arrogancia).
Yo te quiero libre, viajando, conociendo gente.
Te quiero lejos para que, si así lo deseas, me recuerdes,
y tal vez, y conste que solo si tú quieres;
luego regreses.

Yo te quiero sonriente,
que a la primera lágrima nos desconozcamos por indecentes
(proclamo que llorar de tristeza por un amor debería ser
    indecente).
Yo quiero que me cuentes historias
aunque solo las inventes.
Y si es necesario que beses otros labios
o que algún tiempo te encuentres entre otros brazos;
está bien, porque
¿cómo habrías entonces de saber que solo a mí me puedes
    querer?

En fin, este no es más que un intento por explicar
que yo en verdad te quiero esas veces que yo digo que te quiero.

Viajando contigo

Vamos avanzando por un camino sin rumbo
sin destino, siguiendo las estrellas,
navegando entre las olas de este mundo;
durmiendo cobijados por las noches más serenas
a la orilla de lagos encantados con sirenas.
Pescamos anémonas desde las nubes,
pisamos arena de las playas más desiertas.

Y así, poco a poco
construimos nuestro universo con sábanas y almohadas
de panes con azúcar y canela.

Nos descubrimos bajo la luna
al pie de un sauce que nos arrulla;
nos abrazamos con el llanto de la lluvia,
lluvia de una selva que por las mañanas se esfuma.

Y cuando te veo
me pierdo en tus ojos profundos;
dejo de pensar,
no hay más duda;
yo sé a dónde voy y a dónde vas.

Todo lo que pienso puede pasar
estamos inmersos en un cuento;
un cuento sin principio,
sin final.

Una historia en la que estamos nosotros
y nadie más.
Una historia en la que nos queremos...
Y ya.

Restos de amor

Me he dado cuenta de que nos han salido telarañas,
que estamos amarillos, que olemos a guardado.
Una película de polvo nos envuelve,
nos cubre
como cubre el olvido a los recuerdos.
Nos hemos secado, como se secan las hojas de los árboles
en el invierno,
pero a diferencia de los árboles, sospecho que nosotros
no retoñaremos.

Nos hemos vuelto viejos, tristes y callados.
Simuladamente nos han salido canas y arrugas en las caras.
Perdimos la mirada tierna,
dejamos la sonrisa entre las sábanas.

¿Qué nos pasó?
¿Por qué este amor se nos hizo viejo?
Buscaré en los diarios las respuestas,
o en las cartas ya sin letras,
en las fotos sin memoria,
o en nuestras canciones sin dedicatoria.

Es posible que solo nos haya llegado la fecha de caducidad
y nos hayamos quedado dormidos;
se nos pasaron las noches
se nos pasó el amor
y se lo llevó el olvido.

Ahora que nos despertamos
ahora que abrimos la caja del tiempo,
con tristeza reconocemos que no somos como el vino;
aunque ya añejos, no sabemos mejor.
Por eso te digo adiós,
Adiós, mi viejo amor.

Del sueño que tuvo un caballero

Esa noche durmió soñando que cabalgaba en su caballo blanco, alucinante, por senderos angostos, solitarios y peligrosos. Soñó que peleaba con dragones, con espías y matones; que subía colinas, que nadaba en pozas de muy extraños colores.

Soñó que al final de la noche llegaba ahí, al sitio donde se inventan las flores, de donde parten las nubes a sus destinos cargadas con suspiros de viejos amores. Y ahí en ese sitio estaba ella, amuleto de su suerte y de sus penas. Entró a su aposento, donde lo esperaba, tan pura, tan virgen, con su vestido blanco, bajo una noche de magia y encanto.

Soñó que bailaban juntos, tomados de las manos. La doncella de sus sueños estaba entre sus brazos. Soñó por un rato que ese momento persistía por siempre, soñó que no estaba soñando; que tenía a la doncella hermosa queriéndolo bajo la luna que, desde arriba, los envidiaba con todo el embrujo de su manto.

Ese caballero, viviendo en carne propia su locura, su amor y sus aventuras, hallaba entre las caricias de su dama las razones más arrebatadas y extrañas para seguir empuñando su espada hacia sus fugaces fantasmas.

Mas pasada la noche, con el sol por su ventana, partía la luna junto con su doncella enamorada. Y él se encontraba a sí mismo como un caballero sin armadura ni espada. Se daba entonces cuenta de que sin caballo y sin doncella, dejaba de ser él, se desvanecía con ellos, se volvía nada...

Buscándote en otros brazos

Te busqué entre mis sábanas,
en mis libros y bajo mis almohadas.
Te busqué en mi alacena,
en las noches y en las mañanas.

Te busqué en mis viejas cartas
y afuera, en mi terraza.
Te busqué en las estrellas,
en los parques y en las plazas.

Pero no te encontré
y como no te encontré, pensé
que quizás podría hallarte en otros labios, en otros brazos.
Y terminé buscándote en los más indecorosos espacios.
Es tu culpa, amor.

Ahí, recostado sobre otros pechos
te sigo buscando;
y cierto...
Te sigo esperando.

Me gustas como el café irlandés

Debo decirte que es el café que prefiero, aunque eso lo sabes de sobra. Tiene al fondo el negro de tus ojos y es amargo como esos días que no me quieres. Embriaga como tus besos y tiene ese toque dulce que dejas tú después de hacer el amor. Sabes a una taza de café, amor (podría tomarte a tazas todos los días de mi vida y después te seguiría bebiendo). Es una lástima que no sepa cómo preparar café irlandés como lo es que tampoco a ti pueda prepararte, entenderte, hacerte.

¿Ves como sí te pareces? Sé que me odiarás más tras esta nota, pero ¿qué puedo yo hacer si te pienso más en mis ratos de soledad? Por eso es que a falta de ti le pido al mesero otro café. Tal vez algún día la vida me sea suficiente sin ti.

Amor de galería

Te apareces a veces, sobre todo en las noches o muy temprano en las mañanas. Eres un fantasma (mi fantasma). Ojos negros fugitivos, te derramas como vino por la ropa en un destello de sensualidad... y luego solo te vas.

Chispa de calor, remedio de la soledad, vives en mi imaginación y en alguno que otro lugar. Yo te veo, es verdad, pero jamás te puedo buscar, o llamar... o tomar.

Eres como estatua de arena: si te toco te vuelves a la mar. Eres lo mismo que el viento: solo sé que estás; mas es inútil mirar.

Déjame pensar: quizás me sirva beberte en un trago de mezcal. En estas pláticas que buscan erradicar la sobriedad con reglas claras, como la de no tocar, sostengo que eres musa fina, belleza para admirar.

Así que, Ojitos Negros Fugitivos, ponte estas palabras cuando quieras, donde quieras. Vístete de ellas, desnúdate con ellas, que me da igual. Yo me siento en una banca a esperar, a esperar a que te aparezcas una vez más.

Solo una vida más

Lástima que siempre te escapabas de mí
como la arena que se arranca de las olas.
Te habría querido una vida (o dos),
te habría tenido en mi corazón todos los días.

Has de saber que te ofrecía mi mundo,
mundo que sería solo tuyo para que tú hicieras con él lo que
    quisieras;
destruirlo si querías,
guardarlo en tu pecho o esconderlo entre tus piernas.
Iba a ser tuyo.
Nada habría sido más grande que mi amor por ti
y al mismo tiempo
sería tan cómodo como para que lo llevaras contigo a todas
    partes.
Hubiera sido tan fácil de consumir que lo podrías haber bebido
    a cuentagotas,
a dosis controladas para que no se agotara pronto
o de un sorbo para esos días en los que solo se desea amor para
    seguir viviendo.

Hoy mi amor se ha terminado,
está en recesión,
está en huelga.
Ha tomado todas las posturas de renuncia que se hayan inventado
y las que aún no se inventan también.
Se va porque no puede más contigo.

No te sientas culpable, no está mal... Era tuyo.

Yo solo sé que no me hizo falta quererte más
y creo que no me había desbordado de amor así, nunca antes.
Es injusto el amor cuando no quiere.
No tú, el amor.

Ahora tendré que buscar a quien regalárselo,
hallar dónde tirarlo, dónde guardarlo.
Cualquier cosa da lo mismo.

No sé cuántas vidas me queden después de esta.
Y ¿qué me queda?...
Me queda que mañana veremos si te olvido,
y me preocupa que después todavía te quiera.

Querámonos ahora que se puede

Es justo que me digas que sí ahora,
ahora que te quiero,
porque mañana tal vez se me olvida.

Es justo que me digas que sí porque se nos acaba el momento,
el momento de querernos
y ya después nos quedaremos sin amor
y no tendremos más gracias.

¿Cuándo dirás que me quieres?
Si lo haces ahora será pronto;
y en un rato, tarde; y luego no sabrás.
Es nuestro momento que es este y nada más.

Fantaseemos de amor a todas horas mientras nos dure.
Ya habrá tiempo para caernos mal más adelante,
y habrá tiempo de sobra para que deje de quererte y tú hagas lo
    mismo.

Tómame solo una vez en un trago intenso y hasta el fondo.
El amor se disfruta más de un sorbo;
ya sabes,
para derramarlo en la ropa,
para derramarlo al mundo,
y para bebernos lo que sobre los días que deseemos perdernos el
    uno del otro.
Solo así te extrañaré y me extrañarás.
Es el secreto del buen amor:
quererse a ciertas horas y nada más;
quererse cuando se debe.

Yo nos quiero

Nos quiero cuando estamos juntos,
cuando entre las sábanas
durante unos cuantos minutos
nos hacemos uno.

Nos quiero porque bailamos
y nunca bailamos solos,
bailamos juntos.
Y también porque en el fondo
dentro de nosotros,
nos buscamos tanto
que por eso nos encontramos
a cada rato.

Nos quiero a cada instante
por lo que somos y no somos.
Por esas noches en las que suelo extrañarte,
y por esos tus ojos
que con solo verlos es suficiente para soñarte.

Nos quiero
porque nos soporto,
porque somos inmunes al tiempo,
al olvido,
al aburrimiento.

Somos yo y somos tú.
Somos la soledad
y al mismo tiempo
la necesidad de tenernos.

Nos quiero
por todas las razones posibles;
por todo eso que me dices y yo digo que te digo
esas veces que yo te quiero.

Los fantasmas que dejamos

Uno deja a sus fantasmas en la cama
escondidos, atados entre las sábanas,
en los rincones que solo tienen lugar para el secreto;
para el pecado.
Porciones de veneno emanadas de uno mismo
que se dejan por un rato
hasta que llega la noche,
y se retoman cuando uno vuelve al cuarto.

Uno se limpia de ellos cuando se baña.
Se echa perfume y se echa la mentira,
quedan nuestras sombras prohibidas
solas, esperándonos detrás de las cortinas.

¡Ah, cómo se puede ser tan falso!
Siendo lo que uno no es, a diario,
así, simple, como un hombre ordinario;
si es en los fantasmas,
si es en el pecado,
donde subyace lo más dulce;
lo más humano.

Cada vez que nos encontramos

Nos descubrimos ajenos
extraños, reacios,
y nos miramos de cerca
para intentar reencontrarnos.
Pero al sentirnos distantes
incluso la sonrisa es en vano
nos damos la vuelta
y marchamos
cada quien por su lado.

Nacimos para ser libres,
para estar el uno para el otro
aunque solo a ratos.

Nuestras almas corren por las praderas
libres como son en verdad ellas.
Se tocan en el horizonte
siempre,
al caer la noche.
Y cuando se tocan se vuelven una,
se fusionan,
se transforman,
hasta que se agotan.

Nos rehacemos al amanecer,
salimos de un capullo,
nos creamos a partir de una gota de agua;
y de nueva cuenta nos vemos
pero no nos conocemos
y se repite la historia.

Aunque libres y diferentes,
todo el día,
todo el tiempo esperamos
a que caiga la noche
para reencontrarnos,
para hacernos presentes
aunque estemos...
francamente ausentes.

Te sigo queriendo sin saber por qué

Hoy me fumé un cigarro mientras pensaba en ti.
No te ofendas,
me excusaré diciendo que mientras fumaba
veía el humo que se transformaba en recuerdos transparentes
    tuyos,
tan tuyos que eras tú.
Dirás que tengo asma,
que no debo fumar,
que me hace daño;
que hay mejores formas de recordar a alguien (aunque todas me
    dan flojera),
pero al respecto poco se puede hacer.
Yo te diría que de algo tenemos que morir,
y más de una vez he muerto por ti y bien lo sabes.
(Recuérdame si hay algo más honorable que morir de amor).

Entonces los recuerdos me llevaron hasta esos días,
días en los que nos sobraba amor en cantidades con las que
    pudimos haber regado los campos del mundo
y habrían crecido nubes en la tierra con suspiros de nuevos
    amores.

Pero nuestra historia,
amarga como la vida misma;
es como el vaivén de una mariposa que se desvanece para
    aparecer más cerca
y al mismo tiempo más remota;
como tus ojos cuando no me querías.

Ahora sé que siempre vuelvo a quererte
y no me explico por qué.
Verás,
¿Por qué habría de extrañar a alguien que todo lo que toca lo
    hace flor?
¿Por qué habría aún de querer a alguien que calma las aguas de
    mi alma para después bañarse en ellas?
Si tú solo dejas besos que duran meses,
besos que se plantan solos especialmente en las tardes de lluvia.
Es una ironía que me bastes para acompañar por siempre mi
    profunda soledad.
Y todo eso, y más.

Naciste de una lágrima que salió de la alegría,
y por eso iluminas el mundo, y mi mundo.
Me faltan letras y palabras para relatar la magia que dicen las
    calles que tú tienes.
Nada puede explicarse después de ti,
y antes de ti, poco.

Ahora lo entiendo:
ningún espacio habría aguantado tanto de nosotros.
Yo habría agotado todas mis vidas por ti; y tú,
tú seguirías siendo tú solo porque sí,
solo porque el amor y tú son cómplices.

Por eso es que más allá de ti me queda un cigarro y la promesa
    de que
después de todo y después de siempre,
te sigo queriendo sin saber por qué.

Tantas formas de quererte

Te quiero hoy y mañana
al amanecer y en el alba.
Te quiero a solas o con gente,
de la manera más gentil y estridente.

Te quiero feliz,
te quiero demente,
en las sombras
y en los puentes.

Te quiero cursi,
te quiero en mi mente;
te quiero así,
como dicen,
para siempre.

Guarda un pedazo de nosotros, amor

Guarda un pedazo de nosotros, amor,
no sé, cien gramos;
si se te hace mucho, aunque sea uno...
Guarda un pedazo para que te lo pongas después cuando
    quieras;
para que lo saques en las fiestas
o en las reuniones que organiza tu abuela.

Guárdalo como se guarda un bien preciado,
ahí junto a los aretes que te regaló tu madre,
o bajo la cobija que tejió tu hermana.
Guarda un pedazo y úsalo,
sobre en todo en los días en que quieras sentirte aun más
    bonita.

Úsalo amor...
Ponlo en la orilla de tu ventana
o al lado de tu despertador
para que al levantarte por la mañana
verlo te dibuje una sonrisa en la cara.
Quédatelo,
no tiene fecha de caducidad,
ni mucho menos se irá o te dejará.

Guarda un pedazo de nosotros, amor,
ahí donde guardas tus memorias,
donde guardas tus besos (incluso los que aún no das).
Tómalo con azúcar por las noches,
llévatelo si te vas algún día,
pero guarda un pedazo de nosotros
solo por si alguna vez te hace falta recordar
lo bonita que puede ser la vida.

Voy a dejar de quererte

Voy a dejar de quererte
de pensarte,
de extrañarte.
Voy a dejar de vivir por ti,
de soñarte.

Así de simple.
Voy a quitarme el vicio de ti
porque me hace daño,
porque me envenena poco a poco;
porque no permite que pueda
ni siquiera
cerrar los ojos.

Voy a quitarme cada parte tuya
aunque me quede sin piel,
voy a devolverte tus besos en bolsitas
junto a todas tus caricias.

Voy a fugarme de mí,
a escaparme.
Me volveré otro (¡lo juro!)
para que ni tú ni tu amor mundano
puedan encontrarme.

Yo sé que vas a extrañarme;
y es que no habrá en esta vida ni en otra
alguien que te viva,
alguien que te beba,
alguien que se tome tan en serio tu amor
como para olvidarlo de esta manera.

Yo siempre soñando

Todas las noches, cuando estoy sobre mi cama a punto de
    dormir,
me convenzo de que tú haces lo mismo:
que ves hacia tu ventana por entre las cortinas,
que imaginas el mundo,
y las estrellas,
y la luna.
Y entonces yo te siento cerca,
y tú me sientes cerca.
Sabemos por un instante que estamos en el mismo sitio los dos,
aunque estemos con otros.
Lo importante de esto es que yo te quiero y tú me quieres.
Has de saber que lo mío es ser tuyo;
y lo tuyo, no sé.

Luego te beso mientras abres y cierras esos ojos color de noche
    que solo tú tienes,
ojos que son condenadamente hermosos,
tan hermosos
como para pasarse una vida viéndolos.

Tú sabes que todas las noches pienso en ti.
Sé que lo sabes. Es natural.
No somos uno,
somos dos que se hacen uno (pero a veces).
Qué más puedo pedir;
te quiero tanto que hasta me gustas para morir de amor por ti.

Finalmente decides y decido que es tiempo de dormir,
y entre labios,
con un tono de voz que solo nosotros escuchamos,
nos decimos «buenas noches, amor»,
mientras en sueños nos volvemos a entregar el uno al otro.

Y todo esto para amanecer al día siguiente solos. O con otros.

Yo te regalo una llave, amor

Yo te regalo una llave, amor,
una llave para que abras mi corazón cuando quieras.
Para cuando quieras entrar y quedarte,
quedarte un rato;
una tarde.

Una llave para abrir las puertas correctas,
para guardar tus secretos,
sobre todo, cuando no quieras saber de ellos.
Una llave que sirva para abrir un baúl,
baúl de tus verdades.
Una llave para encerrar tus sueños,
para que te preserves junto con ellos.
Una llave para que tomes mi cariño y lo saques,
para que lo vuelvas libre,
para que lo alejes de males.
Una llave que esconda nuestro lugar.
Una llave para que tengas mi amor y lo guardes.

Mi obra de arte

Hoy voy a soñarte,
voy a tocarte en mi mente.
Delinearé cada parte de ti,
cada lunar,
cada relieve.

Voy a moldearte como eres:
naturalmente perfecta,
caótica, y auténtica.
Es justo que lo haga porque yo te conozco.
Porque me he perdido en tu rostro,
en tus labios;
porque he viajado por tus valles y casi me he ahogado en tus
    ríos,
sumergido entre tus cuevas,
para después dormir apaciguado por tus jardines
entre tus piernas.

Ahora que lo pienso tendré un problema:
por más que intente recrearte perfecta, hermosa;
no podría igualar tu gracia,
faltaría esa pizca de magia que quién sabe de dónde hurtaste.

Serás mi obra de arte;
pero como todo artista, te dejaré para que otros (y no solo yo)
puedan admirarte.
Me quedaré con esa escultura en mis sueños,
en mis días.
Tendré que conformarme porque tú siempre vienes a mi
tan solo para volverte a ir.

Te sueño y te veo

Te sueño y te veo
te veo y te sueño;
y cuando no te sueño ni te veo...
pienso en ti.

Lo sé,
mi problema es simple:
me pasa que pasa que te quiero.

Tarde

Llego tarde a todas partes, al trabajo y a la escuela. Llego tarde a las citas porque vivir de prisa es detestable.

Llego tarde a los momentos de reír, aunque siempre ría, y llego tarde (aunque solo a veces), a vivir...

Así que toma esto como mi justificación: más vale tarde que nunca, o eso dicen las malas lenguas. Y tienen razón.

Llegué tarde a este mundo según dijo mi madre, y llegué tarde a ti: tarde para quererte, tarde para que me quisieras y tarde también para olvidarte.

Ella contestó:

—Nunca es tarde...

Si yo fuera pintor

Si yo fuera pintor, te pintaría lo que quisieras,
retratos y paisajes,
cuadros enteros y murales.

Pero en vez de eso solo puedo escribir.
Yo sé que no es lo mismo,
pero escribiendo te puedo decir
que no pasa un solo instante que no piense en ti.

Puedo escribirte novelas piadosas,
contarte las más seductoras historias,
cuentos, si quieres prosa.
Poemas que guardes en tu memoria
para que luego los leas si necesitas un pretexto para llorar.

¿No te parece que vale la pena querer a un poeta, amor?

Sugerencias

Hoy deja que nos vayamos haciendo uno,
que se nos caigan las barreras.
Yo sé que lo sabes,
sé que sabes que me quieres solo por hoy
aunque aún no lo sepas.

Vámonos ahora mismo,
es tiempo de caminar por estas calles,
de rodar ilusos por el pasto,
de perdernos entre tragos y cerveza.

Hay que besarnos
sin remordimientos,
sin contratos,
olvidándolo con la mañana
como si hubiésemos hecho el amor con un extraño.

Demos el paso,
descubrámonos bajo la tarde
hasta que por un instante
nos dejemos de secretos;
y entonces finjamos
que nos conocemos desde hace muchos años.

Te propongo que en secreto
procuremos encontrarnos.
No le diremos a nadie
ni siquiera a nosotros mismos.
Perdámonos el respeto
que de vez en cuando es bueno.

Y cuando nos descubra la mañana
partamos despacio
disimulando al paso que nos olvidamos de esto
de todo y de nada.
Olvidémonos por hoy del amor.

«No sé qué, que qué se yo»

Tengo una preocupación:
tú me causas un «no sé qué, que qué se yo».
Sí, esa es mi situación.

Que me disculpen los científicos,
los analistas,
los de la Real Academia de la Lengua.
Yo quiero llamar de esa forma al estado en el que estoy,
al estado en el que entro cuando estoy contigo:
«un no sé qué, que qué se yo».

Huyo porque no me queda más

Es tan difícil resistirse a ti,
a tus manos,
a tu rostro;
pero sobre todo
a tu corazón aventurero.
Corazón viajero,
corazón errante,
pues llevas en tus ojos la tela fina de tantos cielos,
y en tu piel tatuado el recuerdo
de tantos sitios y amores secretos.

Eres brisa pura
que se mueve incesante,
que se respira,
y con ello se absorbe vida.
¡Claro! ¿Por qué no lo pensé antes?
Vida es lo que eres tú.

Alegras lo que tocas
lo pones a vibrar
a una frecuencia que los locos dicen que se llama felicidad.

Es tan difícil estar cerca de ti
conteniéndome y tú provocándome sin provocar.
Es tan difícil decirme a mí mismo que no,
que yo no te debo querer.
No me quedará más que retomar mi soledad de siempre.

A orillas del río Sena...

A orillas del río Sena quise olvidar tu amor y su condena. Así que prendí un cigarro y pensé en ti. Voy a contarte que hace poco leí en una revista científica que los enamorados sufren de estado dopamínico, y yo no sé qué diablos es eso, pero suena a lo que padecía por culpa tuya.

Los síntomas eran claros:

Se siente como flotar en el aire. Nula percepción de las imperfecciones de su pareja. Escribe cartas tontas y poemas taciturnos. Si está lejos de esa persona le falta el aire y en casos más severos se le va la vida.

Y todo lo cumplí como un perfil para trabajar en tu corazón. Pero no más.

Ya no más de tus piernas bien formadas, senderos que llevan al final de la vida y de la muerte. Ya no más de tu fina piel con textura de algodón y olor a miel.

Me voy a quitar cada caricia (y créeme cuando te digo que las he contado), y te las entregaré de vuelta en una cajita de esas que traen una bailarina con una tonada para llorar. Ahí las puedes guardar para que te las pongas de nuevo, o para repartirlas a quienes acudan a ti por un poco de amor. Te sugiero que esta vez tengas cuidado. No es del todo sano andar matando gente, andar haciendo trocitos de papel el corazón de pobres inocentes.

Así que hoy que el día es lindo quiero liberarme, quiero decirte adiós (solo deja, me termino antes este cigarro).

Hay que ser sincero cuando a uno le han hartado los ojos de su gran amor (ya me aburrí de pasar los veranos en tus ojos). ¿Cómo decirlo de una forma más sincera? Ah, sí… Creo que me cansé de quererte.

¡Al diablo tu amor!, yo ya no lo quiero. Por eso lo he anotado en esta hoja de papel, lo he hecho bolita y estoy resuelto a tirarlo a la basura.

¡Que se quede aquí!, que se lo quede París. Que se lo queden sus calles románticas, sus fachadas soberbias, que lo reparta entre los enamorados de los puentes para ver si a ellos les sirve de algo…

Se me ha acabado el cigarro y aún no tiro la bolita de papel.

Malos síntomas

No puedo dejar de pensar en ti.
Dime, ¿es un mal síntoma?
Te sueño y te veo
y cuando me despierto
pienso que pasaste conmigo la noche
aunque no hayas estado en mi cama en ningún momento.

Te respiro, me visto de ti.
Y cada mañana solo quiero verte
aunque no te diga nada,
aunque me halle ausente
pues mi ausencia está ausente porque está pensando en ti.

Y luego me miras,
me sonríes,
me llamas o me hablas;
Y yo, perdido, sin albedrío
me vuelvo tuyo,
de ti.
Y no me importa nada.
No me importa el mundo,
no me importan los principios,
las leyes o los moribundos.
Por un instante,
por un segundo,
tú eres todo y nada
y todo.

Y todo esto
sin poder decirte
que me estoy muriendo por ti
mientras tú no sabes nada.

Es posible que te quiera a veces

Es posible que te quiera a veces, sobre todo en las noches. Es cierto que a lo largo del día te olvido (tenía que ser sincero), pero mi excusa es que olvidar no siempre es malo (¿será porque cada vez que yo te olvido, cuando me acuerdo de ti te quiero más?). No voy a pedirte que te sientas afortunada por ello, es mucho pedir; lo sé. Dirás que no me entiendes, pero sí lo haces. Sabes que no soy como nadie más, y yo te quiero porque lo sabes, y te quiero porque encima de eso me quieres. Digamos que te entiendo y me entiendes, y que después de eso nos sobran las explicaciones como para tirarlas por la ventana.

Antes de que te olvide otra vez para recordarte de nuevo en la noche (o en mis ratos de soledad), voy a decirte que te quiero, aunque no te quiera justo ahora (o quién sabe). Quizás el hecho de que te escriba esta nota es por algo. Todas mis razones para quererte son tan simples que por eso es que verdaderamente te quiero. ¿Te confieso algo? Básicamente lo hago porque en tus ojos todas las noches son diferentes. Y te quiero porque yo me quiero ahí en tus ojos más que en ningún otro lugar. Estoy seguro que no encontrarás mejores razones que las mencionadas para continuar con este amor.

Reclamaciones

Pasan los meses y aún tienes la habilidad de robarme el sueño,
que es, a estas alturas,
de lo poco que me queda.
Te has convertido en mi enfermedad,
una enfermedad lenta y duradera,
mortal y tan felizmente dolorosa.
Dueles lindo, amor, ¿ya te lo había dicho?

Junto al frío de la soledad, tu recuerdo me acompaña como una
    sombra,
como una marca.
Me aleja del sol todas las mañanas,
me hace inmune a los amores de otras muchachas.
¿No te es suficiente con tener a alguien más? Siempre tan
    egoísta, estás resuelta a quedarte con mi libertad
simplemente porque tú quieres.

Busco las razones para terminar de olvidarte,
y aunque todas las noches las encuentro,
en el transcurso del día,
conforme pasa el tiempo,
las olvido o las entierro junto a las pocas trazas de razón que
    aún me quedan.

Ahora que mi vida es en blanco y negro,
ahora que parezco estatua de museo,
inerte, fría, sin vida;
no hay más de mí.
Me quedé en tus labios,
me quedé en tu risa
y en esos ojos negros,
color de noche y color de ti.

Y yo le pregunto a mi pared:
¿Hasta cuándo voy a quererte y a desear que estés junto a mí?
¿Hasta que se acabe el invierno?
¿Hasta que se acabe el agua?
¿O hasta que se acabe el tiempo?
Tal vez no dure tanto,
tal vez solo te quiera hoy.

Es complicado quererte

Es complicado quererte.
No existe forma.
No tengo las proporciones ni las maneras,
ni los diagramas, ni ecuaciones;
ni indicios siquiera.
Menos instrucciones.

¿Por qué las mujeres son tan complicadas?
A veces me gustaría, no sé,
que fueran tan fáciles de leer como si se tratase de un
    periódico.

Y para colmo de mis males,
de todas las mujeres,
la más complicada eres tú.

Chamanería, fetichismo, masoquismo, surrealismo,
    modernismo;
nada es como tú.
Siempre te sales de proporción, amor.
Siempre eres otra
e inexplicablemente la misma.

Por eso en mis caminos de confusión yo solo espero que me
    quieras un poquito.
Una parte,
solo algo.

Y es que
    me he perdido en tus brazos
aunque pasado un tiempo los sienta extraños.
Me he enamorado de tus besos incluso cuando los creo ajenos.

Es cierto, hay poco en ti por lo que pueda enamorarme,
y aun así es suficiente.

Tú dices que me quieres

Tú dices que me quieres
y no me quieres;
Yo digo que te quiero y no lo sé.
En suma, es probable que nos queramos si nos queremos;
y eso de que te quiera, tal vez.

Hablando de la vida

La vida es como un subibaja,
es una borrachera de viernes con cruda moral de sábado.
La vida sabe a veces a mujer y otras veces a muerte,
aunque en ocasiones puede ser la misma cosa.

Uno vive y muere todos los días.
Se nace haciendo el amor,
y también de amor se muere.

La vida es dulce como caricia,
y amarga como perder a alguien.
Se puede vivir mucho en poco tiempo,
o poco una vida entera.
La vida puede ser muy traicionera.
Es una entrometida.
Te trae sin preguntar,
a veces muy a tu pesar,
y lo mismo se va,
así,
sin avisar.

Te suelta algunos momentos de felicidad
y otros tantos de soledad.
Te quita y también te da.
No la puedes entender,
aunque si guardas silencio, tal vez la puedes escuchar.

Es confusa,
te enseña a la mala.
Algunos cuentan que te pone pruebas de verdad.
La vida es un constante estirar y aflojar.
Es una desgraciada que hace lo que quiere.
Te obliga a quererla cada día más.
Y cuando llegas a quererla, le parece exceso;
entonces decide que ya es tiempo,
tiempo de morir y despedirte con un verso.
¡Sabes?
Al final parece que la vida se despide de uno siempre con un
beso.

Esta tarde vi...

Esta tarde vi como tiernamente te regaste el café en la ropa. Entonces pensé (sabrás que ahora pienso en ti todo el tiempo): «Las cosas siempre vuelven al lugar a donde pertenecen». Y como tú eres de café (sabes y hueles igual), no habría otra razón sino esta para que el café te buscara.

De hecho, creo que, si no te hubiera visto regarte la taza encima, habría creído que ese café salió de tus ojos, tal vez porque has llorado de amor.

Por cierto, estoy más convencido de que tienes mucho en común con una taza de café. Verás, resultas muy adictiva, sobre todo en las noches de invierno, que es cuando hace más frío. Calmas el alma cuando adolece, y eres amarga a veces, tanto como puede serlo vivir.

Ah, eres un remanso de agua tibia en mi vida, mi café para bien soñar, para bien morir y para enamorarme del amor por lo que me reste de días.

Amor mío

Amor mío, mi dulce tierra, lágrimas que no salen de mis ojos; tú te quedaste con todas las dosis de ternura que a mí no me tocaron.

Tienes toda la alegría que no tengo, el carisma y el amor que me falta de la gente. Yo solo soy un solitario, un alma desvalida que desde que te conoció supo que existían los colores y la luz.

Estás en todo lo que hago, eres todo lo que pienso, incluso cuando no estoy pensando en nada.

Y aunque parezca que a veces me veo distante, tanto más que la estrella más lejana, en mi corazón y en mi pensamiento, tú vives. Y me recorren esas frases tuyas, y esa vocecita con tonada de suspiro. Y siempre me hablas, y me dices cosas lindas que luego plasmo en poemas, porque es la forma en la que uno pueda sacar tanto amor cuando se derrama, cuando ya no puede contenerse.

Para mí, usted y la inspiración son lo mismo, y ya no se pueden entender una sin la otra. Y yo, cierto es, ya no puedo entenderme a mí mismo sin ti.

Tal vez dirás que estoy loco

Tal vez dirás que estoy loco o que se me ha zafado un tornillo, pero encontré particularmente romántico que ahora sea yo quien anda sufriendo con la rodilla. Hasta te he dicho que el amor nos ha seleccionado para ser uno el espejo de otro, y que la vida nos vaya atando hasta en los achaques. Es curioso cómo te encuentro en todas partes; y pensar que cada día tú eres más yo y yo soy más tú, a veces directamente proporcional, y otras inversamente, a nuestras diferencias. Es extraño y quizás ni yo lo entiendo, pero sobra decir que todas estas cosas inverosímiles y sin sentido no hacen sino que yo te ame más, si es que eso es posible, teniendo en cuenta que te amo inexplicablemente fuera de fronteras y proporciones.

Me estoy tomando una taza de chocolate que me ha hecho mi madre mientras escribo esto. Noto también que hasta me está doliendo menos esta rodilla rebelde que no se digna a dejarme en paz, la condenada. Tienes, pues, un efecto placebo en mí. Eres mi tregua, amor, en todas las batallas que libro contra los molinos de viento que me invento.

Veremos qué dice el doctor mañana, y a ver si no piensa que estoy loco cuando le cuente que compartimos estos dolores de rodilla juntos. Deséame suerte, amor.

Yo no sé qué me pasa contigo...

Yo no sé qué me pasa contigo y los vuelos y los aeropuertos. La cosa es que cuando estoy arriba de un avión me da por escribirte. Debe ser el costo de las nostalgias, de extrañarte tanto porque estás lejos, aunque solo sea físicamente, que es ya la única forma en que puedo estar apartado de ti. En todo lo demás no existen nunca distancias. Estoy yo en ti como tú en mí. Ese es nuestro don, nuestro milagro.

Somos dos estrellas pulsantes, amor, que se unen por un hilo invisible de finos modos. Somos estas notas perdidas escritas en el cielo a diez mil pies de altura. Somos tanto, corazón mío, que nada importa sino nosotros.

Tú viajas aquí conmigo. Cuéntame si has disfrutado el viaje.

¿Cómo puedes siempre estar?

Abro mis libros de ciencia y ahí estás.
Repaso mis notas de la escuela y ahí estás.
Leo artículos en el celular y también ahí te apareces.
Veo las fotos de mis viajes y te encuentro una y otra vez y
    tantas veces.
Hablo con mis amigos y aun cuando no te hayas decidido a
    acompañarme, te reservo un lugar junto a mí.
Voy a los tragos y ya le he contado algunas de nuestras historias
    a mi cerveza solitaria.
Me acuesto por las noches y te veo aunque no te halles
    acostada a mi lado.
Me duermo y al soñar estamos juntos como en la vida real.

He llegado a la conclusión de que vives en mí, porque no veo
    cómo puedes siempre estar.

Esta mañana amanecí

Esta mañana amanecí con falta de aire de nuevo. Ya son casi tres días que el asma no me da tregua; el asma, el COVID, o lo que sea que es. Pero eso no importa. Te voy a contar que, en las interminables horas de estar en cama, hay una sola cosa que quisiera poder hacer: verte.

No es casualidad que en estos días tan difíciles mi afán sea volver a tu lado y hacer lo que hacíamos siempre: caminar por las plazas, por los parques; salir a cenar, ir a bailar, irnos de viaje. Andar de nuevo por todos esos caminos por los que anduvimos, y seguir buscando todos los cielos que aún nos quedan por ver. Ya sé desde hace mucho que tú eres mi gran amor. Más de cinco años me lo han confirmado una y otra vez. En el desasosiego de mi enfermedad, he pensado en ti más que en nada, y eso me da fuerza y me termina de decir que eres mi verdad, eres mi fe, y mi todo. Voy a salir adelante por ti, por mí, por nosotros, y que sea lo que la vida quiera que sea. Te amo entrañablemente, con cada célula, con cada gota de mi sangre. Te amo una infinidad.

Fin